12,80

Fräntzki

Die Idee der Wissenschaft bei Samuel Hahnemann

Die Idee der Wissenschaft bei Samuel Hahnemann

Von Dr. phil. Ekkehard Fräntzki

HAUG

Karl F. Haug Verlag · Heidelberg

ISBN 3-7760-0400-2 Verlags-Nr. 7656

Gesamtherstellung: Pilger-Druckerei GmbH, 6720 Speyer a. Rh.

Inhalt

I. Die Exposition der Frage nach der Wissenschaftlichkeit der Homöopathie 7

II. Hahnemanns Kritik an der überlieferten Medizin 11

III. Grundzüge der Idee der Wissenschaft bei Kant 14

IV. Der Wissenschaftscharakter der Heilkunst nach Hahnemann 18

Literatur- und Abkürzungsverzeichnis 29

Die Idee der Wissenschaft bei Samuel Hahnemann

Von EKKEHARD FRÄNTZKI

I. Die Exposition der Frage nach der Wissenschaftlichkeit der Homöopathie

Es ist kein Zufall, daß HAHNEMANN die Entdeckung seines neuartigen Heilverfahrens in einen Zusammenhang stellt mit der Französischen Revolution — jenem Ereignis, das nicht nur politisch bedeutsam war, sondern auch und vor allem insofern, als es dem seit René DESCARTES († 1650) herrschenden neuzeitlichen Denken zum endgültigen Durchbruch verhalf. HAHNEMANN sieht in der Französischen Revolution den weltgeschichtlichen Augenblick, „wo doch die ganze Menschheit auf dem Erdboden zu erwachen scheint, um mächtig nach ihren Rechten zu greifen" (RAL IV, 10) *). Er steht mit dieser Sicht nicht allein. Ein noch berühmterer Zeitgenosse als er, G. W. F. HEGEL, sagt von ihr: „Alle denkenden Wesen haben diese Epoche mitgefeiert. Eine erhabene Rührung hat in jener Zeit geherrscht, ein Enthusiasmus des Geistes hat die Welt durchschauert ..." (WG [LASSON], 926).

*) Literatur- und Abkürzungsverzeichnis siehe am Schluß der Abhandlung

Was für die Rechte des Menschen als Menschen gilt, das muß nach HAHNEMANN auch für das Wissen um die wahre Heilkunst gelten. Nach „2300jähriger Dauer“ (RAL IV, 10) ist die Stunde für die wahre Heilkunst gekommen. Und HAHNEMANN hat keinen Zweifel daran gelassen, daß es allein die Homöopathie ist, die die revolutionäre Wende in der Geschichte der Medizin erbringen kann.

Inzwischen sind mehr als 100 Jahre seit dem Tode HAHNEMANNS vergangen. Vom revolutionären Anspruch der Homöopathie scheint — von immer wieder auftretenden Einzelgängern abgesehen — bei der homöopathischen Ärzteschaft nichts mehr zu spüren zu sein. Im Gegenteil! Das Blatt hat sich gewendet. Wer sich heute der Homöopathie verschreibt, gilt als einer, der nicht auf der Höhe der Zeit steht. Das Hohe dieser Höhe heißt Wissenschaftlichkeit. Die Homöopathie, so ist die allgemeine Auffassung, kann nicht den Charakter wahrer Wissenschaftlichkeit für sich in Anspruch nehmen; sie steht außerhalb des Hohen der Zeit; sie gehört wie Akupunktur, Chiropraktik, Frischzellentherapie u. a. zu den Außenseitermethoden der Medizin. So wird die Homöopathie von dieser mit überlegener Miene der Nichtigkeit, dem alles Unwissenschaftliche verfällt, preisgegeben. Diese Preisgabe geschieht um so leichter und problemloser, als die Medizin sich des Wesens der Wissenschaftlichkeit absolut sicher glaubt. Als wissenschaftlich gilt ihr ein Wissen, das nicht bei der Erscheinung eines Erscheinenden stehen bleibt, sondern das auf deren U r s a c h e zurückgeht und diese für das Wissen beibringt. Wissenschaftliches Wissen besagt ursächliches Wissen. Und weil die Ursache zugleich das Wesen ist, erbringt das ursächliche Wissen das Wissen vom Wesen der Erscheinung. Wenn bei einem Patienten Kopfschmerzen aufgetreten sind, so werden diese erst dann wissenschaftlich gewußt, d. h. in ihrem Wesen erkannt, wenn die Ursache beigebracht und festgestellt ist. (Als Ursache gilt zum Beispiel ein Gehirntumor oder ein Stirnhöhlenkatarrh). Das Beibringen und Feststellen der Ursache ist Vollzug der „Diagnose“, der wissenschaftlichen Erkenntnis der Krankheitserscheinung. Am Leitfaden dieses Begriffes von Wissenschaftlichkeit hat die Medizin ihr Urteil über die Homöopathie gefällt, und zwar seit es diese gibt bis auf den heutigen Tag.

Dieser hier kurz umrissene Begriff von einem wissenschaftlichen Wissen ist von solcher Geschichtsmächtigkeit, daß er auch vor der homöopathischen Ärzteschaft nicht haltmacht und diese in zwei Richtungen spaltet: in die, die trotz dieses Wissenschaftsverständnisses an der „reinen“ Lehre HAHNEMANNS festhält, wobei freilich die Idee der Wissenschaft bei HAHNEMANN im Dunkeln bleibt; und in die, die sich „kritisch-wissenschaftlich“ nennt, die sich also dem herrschenden Wissenschaftsverständnis angepaßt hat. Jede Richtung gibt ihrer Auffassung öffentlichen Ausdruck. Die erstere in der „Zeitschrift für Klassische Homöopathie“, die letztere in der „Allgemeine(n) Homöopathische(n) Zeitung“.

Das herrschende Wissenschaftsverständnis in der Medizin hat aber nicht nur die homöopathischen Ärzte in die zwei Richtungen gespalten, sondern auch die Richtung, die sich irgendwie von diesem Wissenschaftsverständnis freizuhalten versucht, die sogenannte klassische, zutiefst verunsichert. Allzu beredtes Zeichen dafür ist die Wahl der Thematik, die die „Zeitschrift für Klassische Homöopathie“ auf ihre Fahne geschrieben hat. Im Haugschen Verlagsverzeichnis wirbt sie für sich durch den Hinweis auf die Darstellung der reinen Homöopathie HAHNEMANNS und die eingehende Diskussion des „Hochpotenzproblems“. Wenn man die einzelnen Hefte durchsieht, muß man in der Tat zugestehen, daß die Werbung nicht zu viel versprochen hat. In kurzer Zeit — seit Januar 1971 — erschienen in der genannten Zeitschrift — bis 1972 noch als „Acta Homoeopathica“ gezeichnet — mindestens acht Beiträge zum sogenannten Hochpotenzproblem (Acta 1971/2; Acta 1971/3; Acta 1971/4; KH 1972/4; KH 1972/5; KH 1973/4; KH 1973/5; KH 1974/1).

Wenn dieses „Problem“ nun mit der Frage angegangen wird, wie man sich die Wirkung der Hochpotenz zureichend denken, d. h. vorstellen können soll, dann ist bereits unabhängig vom Ausgang dieser Frage allein durch diese Fragestellung entschieden, daß man sich im Horizont des oben dargelegten Begriffs von Wissenschaftlichkeit bewegt. Diesem gemäß ist die Wirkung der Hochpotenz dann zureichend vorgestellt, wenn man ihre Ursache ausfindig gemacht hat. Und hier hat man von Seiten der homöopathischen Ärzteschaft in der Tat große Anstrengungen unternommen, um die gesuchte Ursache oder etwas dieser Ähnliches endlich herauszubekommen. Wenn man dann freilich immer wieder die Erfolglosigkeit der Suche nach der Ursache festzustellen gezwungen ist, klammert man sich wenigstens an die verbleibende Hoffnung, das Gesuchte eines Tages doch noch zu entdecken, um mit ihr die langersehnte Genugtuung zu erleben, endlich in das Lager der Wissenschaft aufgenommen worden zu sein. Andererseits spürt man aber irgendwie, mit der Art der gekennzeichneten Fragestellung nicht mehr so recht auf dem Boden der Lehre HAHNEMANNS zu stehen, auf dem man aber stehen will. Und so gerät man in einen unauflösbaren Widerstreit mit sich selbst und ist durch und durch verunsichert.

Bei HAHNEMANN selbst ist freilich alles ganz anders. Er ist es gerade gewesen, der mit dem Anspruch auftrat, überhaupt erst das „rationelle“, d. h. das wissenschaftliche Heilverfahren entdeckt zu haben. Die Situation der Medizin bis zur Zeit dieser Entdeckung kennzeichnet HAHNEMANN in seiner „Vorerinnerung“ zur ersten Auflage des „Organon“ so: „Kein Geschäft ist nach dem Geständnisse aller Zeitalter einmüthiger für eine Vermuthungskunst[1]) (ars conjecturalis) erklärt worden, als die Arzneikunst; keine kann sich daher einer prüfenden Untersuchung, ob sie Grund habe, weniger entziehen, als sie, auf welcher das theuerste Gut im Erdenleben, Menschengesundheit sich stützt“ (Org., 5). Die überlieferte, inzwischen 2300 Jahre alte Medizin hat es also bislang nicht vermocht, den sicheren Boden der Wissenschaft zu betreten; sie ist, obwohl sie sich „wissenschaftlich dünkt“, (Ebd., 12), lediglich eine Vermutungskunst geblieben. Es muß daher nach HAHNEMANN alles darauf ankommen, „eine ernstliche, redliche Revision der-

[1]) Sperrung vom Verfasser.

selben“ (Ebd., 5) in Gang zu bringen. HAHNEMANN hat diese Revision programmatisch in den Titel der ersten Auflage des Organon zusammengefaßt. Abweichend gegenüber den späteren Auflagen lautet er: „Organon der rationellen Heilkunde“. Das Wort „rationell“ geht zurück auf das lat. ratio, d. i. Verstand, bzw. Vernunft. Die Vernunft ist der Ort des wahren und d. h. des wissenschaftlichen Wissens. Es geht HAHNEMANN also um die „Handleitung“ (RAL IV, 150) zu einer auf dem wahren, wissenschaftlichen Wissen beruhenden Heilkunde. Wissenschaftliches Wissen ist das Gegenteil von bloßen Vermutungen, in denen sich die Medizin bislang herumgetrieben hat. Es ist ein gewisses Wissen. Wissenschaftlichkeit, Wahrheit besagt Gewißheit. Es wird die Aufgabe dieser Abhandlung im folgenden sein zu erläutern, was das für HAHNEMANN und d. i. für die Medizin bedeutet. Hier sei zunächst lediglich auf die Tatsache hingewiesen, daß HAHNEMANN das Wissen, durch das die Heilkunde bestimmt sein muß, im Sinne eines gewissen Wissens faßt. Es geht, wie HAHNEMANN erklärt, um eine Kunde (Lehre), die „gewisse Hülfe in Krankheiten bringen lehrt“ (RAL III, 9), bzw., die mit der „Gewißheit eines heilbringenden Erfolges“ (RAL I, 349) angewendet wird oder um eine Kunst, die „schnell mit Gewißheit und dauerhaft heilen kann, heilen wird, heilen muß“ (RAL III, 67/68). Diesen Heilweg, sagt HAHNEMANN, „lehrte bisher niemand, niemand führte ihn aus“ (Org., 37).

Wenn sich HAHNEMANN somit rühmt, die Medizin auf den sicheren Gang einer Wissenschaft gebracht zu haben, dann ist zu beachten, daß HAHNEMANN sich dabei immer auf den „praktischen Teil“ der Medizin bezieht. „Ich habe es“, so betont er, „hier nur mit dem praktischen Theile der Medicin, mit dem Heilen selbst zu tun“ (Org., 12). Es geht ihm stets „nur“ um die Medizin als „Kunst“, als „Heilmethode“, um das „Heilen selbst“, das „Heilverfahren als solches“. Dieser praktische Teil der Medizin muß nach HAHNEMANN zur Wissenschaft werden. HAHNEMANN unterstellt dabei — und geschichtlich gesehen tut er das mit Recht — einen Unterschied innerhalb der Medizin: Medizin als Theorie und Medizin als Kunst. Aber indem er fordert, die Heilkunst selbst müsse zur Wissenschaft werden, hebt er diesen überlieferten Unterschied in gewisser Weise auf.

Nach dem bisher Dargelegten ergibt sich also das Problem, daß die heute herrschende Medizin der Homöopathie völlige Unwissenschaftlichkeit vorhält, daß andererseits der Begründer der Homöopathie aber mit dem Anspruch aufgetreten ist, die Medizin überhaupt erst auf den Weg der Wissenschaft gebracht zu haben. Vermutlich meinen beide, die herrschende Medizin einerseits und HAHNEMANN andererseits, nicht das Gleiche, wenn sie von Wissenschaftlichkeit sprechen. Falls das der Fall sein sollte, fragt es sich weiter, wessen Begriff von Wissenschaftlichkeit geschichtlich besser legitimiert ist. Bevor das HAHNEMANNsche Verständnis dargelegt werden kann, muß genauer erörtert werden, in welchem Sinne nach HAHNEMANN dieser Begriff nicht zu verstehen ist. Diese Erörterung fällt mit der HAHNEMANNschen Kritik an der überlieferten Medizin zusammen.

II. Hahnemanns Kritik an der überlieferten Medizin

Oben wurde schon das Wort HAHNEMANNS angeführt, wonach „kein Geschäft" „nach dem Geständnisse aller Zeitalter einmüthiger für eine Vermuthungskunst (ars conjecturalis) erklärt worden" sei als die Medizin als Heilkunst. Die Frage ist: Aus welchem Grunde eigentlich? Antwort: Aus keinem andern als aus dem, durch den sie eine Wissenschaft zu sein vermeint. Eben durch die Art des in ihr herrschenden Wissenschaftsbegriffs ist sie in Wahrheit nach Hahnemann eine bloße Ansammlung von Vermutungen. In der „Einleitung" zu seinem „Organon der Heilkunst", in der er sich mit der überlieferten Medizin auseinandersetzt, sagt HAHNEMANN: „Diese alte Arzneischule bildete sich viel darauf ein, vorgeben zu können, daß sie allein den Namen ‚rationelle Heilkunst' verdiene, weil sie allein die Ursache der Krankheit aufsuche und hinwegzuräumen sich bemühe... Tolle causam! ruft sie wiederholt" (Org., 12). Aber wer diesem Ruf folgt, verliert nach HAHNEMANN den Boden unter den Füßen; denn eine Ursache ist stets eine Ursache von einem Erscheinenden und für ein Erscheinendes. Die Ursache selbst aber erscheint nicht. HAHNEMANN: „... die Ursache eines Dinges oder eines Ereignisses (kann) nie zugleich das Ding oder das Ereignis selbst sein" (Org., 13). Indem die überlieferte Medizin der Ursache der Krankheitserscheinungen nachgeht, übersteigt (transzendiert) sie den Bereich der Erscheinungen, d. h. den Bereich der Erfahrung. Ihr Vorgehen hat daher den Charakter einer „hyperphysischen" (RAL IV, 150), d. i. die Erfahrung, bzw. das von Natur (Physis) aus Gegebene überfliegenden „Speculation" (Ebd.). Sie macht damit die Frage, was Krankheit sei, zu einem „metaphysischen", d. h. zu einem jenseits von Natur und Erfahrung liegenden „Problem" (RAL IV, 14).

Aber es scheint, das von HAHNEMANN Behauptete lasse sich spielend widerlegen; seine Kritik der Medizin kann folglich bestenfalls historische Bedeutung beanspruchen. Denn die von der Medizin angegebenen Ursachen sind doch stets materieller, also sinnlich sichtbarer Natur. Gerade das hält HAHNEMANN dem „ehemalige(n) Vorsteher der alten Schule, Hufeland" vor, der die Krankheit „für ein materielles Ding ansah" (Org., 174 Anm. 51). Ursache für einen Kopfschmerz kann der überlieferten Medizin gemäß ein Hirntumor sein, und ein solcher vermag allemal sinnlich sichtbar gemacht zu werden. Die Ursache bleibt also im Bereich der Erscheinungen und damit der Erfahrung; der Rückgang auf sie schließt keineswegs einen Überstieg in den Bereich des Hyperphysischen oder Metaphysischen im gekennzeichneten Sinne ein.

Hier ist nun freilich zunächst aufs genaueste zu beachten, was die überlieferte Medizin behauptet. Sie behauptet, daß — um bei dem angeführten Beispiel zu bleiben — ein Hirntumor Ursache ist (oder auch nur sein kann) für die oder die Krankheitserscheinung. Dann ist ebenso genau zu beachten, worauf sich die HAHNEMANNsche Kritik bezieht. Sie bezieht sich nicht darauf, daß ein Hirntumor nicht sichtbar gemacht werden könnte, vielmehr sagt HAHNEMANN: Die von der überlieferten Medizin behauptete Ursächlichkeit des Hirntumors könne nicht sichtbar gemacht, sondern nur gedacht (vorgestellt) werden. Und in der Tat vermag auch die modernste, nach dem allerletzten Stand der Wissenschaft und Technik erbaute Apparatur dies nicht und wird es niemals vermögen. Was die technische Apparatur erkennen läßt, ist lediglich den Hirntumor als ein Erscheinliches, nicht aber als ein Ursächliches.

Der Schritt von der Erscheinung auf die Ursache, den die überlieferte Medizin tut, ist ein Schritt aus der Erfahrung in ein Reich, das über die Erfahrung, d. h. über die sinnliche Wahrnehmung hinausgeht; es ist und bleibt ein Schritt in das Reich des Übersinnlichen. Die Medizin beansprucht damit eine Einschau (vergl. Org., 178 Anm. 58) in das „innere Wesen der Dinge" (Org., 178 Anm. 58; RAL IV, 6; 150), bzw. in „das innere Wesen des Lebensvorgangs und der Krankheitsentstehungen im unsichtbaren Innern" (Org., 173 Anm. 47) oder „in die innere Natur des Übels" (RAL IV, 5) oder in „das innere Wesen der Krankheit" (Org., 13). Aber eine solche Einschauung ist nach HAHNEMANN dem Menschen nicht möglich, sie ist allein Gott vorbehalten. „Welcher nicht in Verklärung (clairvoyance) manipulierte, ehrliche Mann", so fragt HAHNEMANN, „könnte sich wohl rühmen, ein geistiges Auge zu besitzen, das durch Fleisch und Bein hindurchdränge in das, nur dem Menschenschöpfer selbst verständliche, innere Wesen der Dinge, wofür der Sterbliche keinen Begriff, keine Sprache haben würde, wenn sie ihm auch dargelegt werden könnten?" (RAL IV, 6 Anm.). Kein „ehrlicher Mann" vermag sich eines solchen „geistigen Auges" zu rühmen, wohl aber tut dies die „bisherige Arzneischule", die „ein divinatorisches Einschauen in das innere Wesen der Dinge" „affektiert" (Org., 178 Anm. 58), das Ganze „theoretische Arzneikunst" nennt und „sogar eigene Professuren dazu" installiert hat (vgl. Org., 173 Anm. 47).

Nicht weil die überlieferte Medizin hinsichtlich der Diagnose häufig fehlgeht, sondern weil sie überhaupt Diagnose betreibt, d. h. nach der Ursache sucht, impliziert sie ein zutiefst unwissenschaftliches Wissen, da sie damit die Grenzen möglichen menschlichen Wissens überfliegt. Dieses Wissen ist, wie HAHNEMANN erklärt, etwas bloß „Ausvernünfteltes" (Vergl. RAL IV, 200), ein „Zusammengespinst leerer Einfälle und Hypothesen" (vergl. Org., 173 Anm. 47), ein „mystisches Dunkel" (Org., 178 Anm. 58), eine „speculative, apriorische Ergrübelung", „Träumerei der Phantasie" (vergl. RAL IV, 19). Die Lehrsätze der Medizin können nur als „Wahn-Lehrsätze" (RAL III, 7 Anm.), als „schädlicher Irrthum und Selbsttäuschung" (RAL IV, 150) bezeichnet werden; sie führen nicht in das Reich der Wahrheit, sondern in das „Reich der Schatten" (Ebd.) und gaukeln uns „Träume als Wahrheit" (Ebd.) vor. Während sich die überlieferte Medizin vergeblich um die „innere Natur" der Krankheiten streitet, läßt sie die Kranken zu Tausenden heim gehen ... zu ihren Vätern" (vergl. RAL II, 358).

Mit all diesen Worten läßt HAHNEMANN keineswegs seiner blindwütigen Polemik freien Lauf, sondern umgrenzt leidenschaftlich — streng das Resultat eines Vorgehens, das „von der bisherigen Schule mit dem Namen: Causal-Indication beehrt" (Org., 13) worden ist.

Auf die Frage nun, weshalb eigentlich eine Einschauung in das innere Wesen der Dinge, der Lebensvorgänge, der Krankheiten die Grenzen möglichen menschlichen Erkennens übersteigen soll, gibt HAHNEMANN und mit ihm seine Schule bis heute lediglich eine pragmatische Antwort. D. h. HAHNEMANN erklärt einfach: Wir erreichen mit all unseren Versuchen dieses innere Wesen de facto nicht. Und weil wir es de facto nicht erreichen, ist es sinnlos, es zu suchen. Statt dessen gilt es, sich an das Gegebene, an das, was erscheint, was also im Bereich möglicher menschlicher Erfahrung liegt, zu halten. Die überlieferte Medizin ruft zwar: Tolle causam! — aber, so sagt HAHNEMANN: „... bei diesem leeren Rufe blieb es. Sie wähnten nur, die Krankheits-Ursache finden zu können, fanden sie aber nicht, da sie nicht erkennbar und nicht zu finden ist. Denn da die meisten, ja die allermeisten Krankheiten dynamischen (geistartigen) Ursprungs und dynamischer (geistartiger) Natur sind, ihre Ursache also nicht sinnlich zu erkennen ist, so waren sie beflissen, sich eine zu erdenken und ... Schlüsse auf den unsichtbaren Vorgang der Veränderungen im Inneren Wesen des Menschen bei Krankheiten zu ziehen — ein dunkles Phantasiebild, was die theoretische Medicin für ihre prima causa morbi hielt" (Org., 12/13). Nach diesen Worten scheint es, wie wenn es nach HAHNEMANN für eine erfolgversprechende Suche der Ursache nur darauf ankomme, diese Ursache in der rechten Weise, d. h. im rechten Seinsbereich, nämlich im nichtmaterialistischen zu suchen. Richtet der Arzt seine Anstrengungen auf diesen Bereich, dann — so scheint es hier — wird er die Ursache finden. Aber HAHNEMANN sieht dann doch selbst — wie wir noch darlegen werden — daß das, was er als die „Ursache" von Krankheiten angibt, die Verstimmung der Lebenskraft, nicht den Charakter einer Ursache haben kann. Die Berechtigung einer Ursachsuche hängt keineswegs von der Ausrichtung auf den rechten Seinsbereich ab; vielmehr ist sie überhaupt nicht zu erbringen. Aber — so muß gefragt werden — warum denn nicht? Die Antwort, die HAHNEMANN hier gibt, lautet: Weil „sie (die Ursache) nicht erkennbar und nicht zu finden ist" (Org., 12). D. h. wir erreichen sie als Menschen de facto nicht und daher ist es sinnlos, sie überhaupt suchen zu wollen.

Solange es bei einer bloß pragmatischen Ablehnung der Ursachsuche bleibt, kann das Wissenschaftsverständnis der überlieferten Medizin nicht als überwunden gelten, denn wenn die Ursache nicht wesenhaft, sondern nur de facto nicht auffindbar ist, vermag zu Recht auf die Möglichkeit hingewiesen zu werden, daß sie eines Tages, wenn die Wissenschaft genügend Fortschritte gemacht hat, doch noch gefunden werden wird.

Der Pragmatismus HAHNEMANNS führt also nicht grundsätzlich aus dem Vorstellungsschema Erscheinung/Ursache heraus. Damit bleibt aber auch die HAHNEMANNsche Kritik der überlieferten Medizin wesenhaft unvollendet. Wenn HAHNEMANN nun auch die Medizin die „nötigste und verehrungswürdigste aller irdischen Wissenschaften" nennt (Hlk., Vorrede, 13), hieße es HAHNEMANN und die Medizin überhaupt überfordern, von ihm, bzw. von ihr den Beweis zu verlangen, warum das Wesen der Dinge (der Krankheiten, der Lebensvorgänge, der Arzneien, usw.) wesenhaft unbekannt bleibt. Dies zu zeigen ist nicht Sache der Medizin, so wenig wie es Sache irgendeiner anderen Wissenschaft ist. Es ist das die Sache der Philosophie. Die Kritik HAHNEMANNS an der überlieferten Medizin verlangt — um ihrer eigenen Vollendung willen — einen Rückgang auf die Philosophie. Aber nicht nur deshalb! Auch das von HAHNEMANN gegen die „alte Medizin" ins Feld geführte neue Wissenschaftsverständnis ist ohne die Wegbereitung durch die Philosophie nicht zu begreifen.

III. Grundzüge der Idee der Wissenschaft bei Kant

Auf die bislang mehr oder weniger intensiv unternommenen Versuche, HAHNEMANNS Lehren philosophisch [1]) oder auch theologisch [2]) zu fundieren, kann hier nicht eingegangen werden. Angemerkt sei nur, daß sie alle nicht in das Wesen der Sache, d. i. des HAHNEMANNschen Wissenschaftsverständnisses reichen.

Philosophie ist ihrem Wesen nach Metaphysik, d. h. ein Denken, das einzig dem nachdenkt, was das eigentlich Seiende am Seienden im ganzen ist. Seit Plato wird dieses Denken von der Überzeugung getragen, daß das eigentlich Seiende jenseits der Physik, d. h. jenseits des Bereichs der sinnlichen Erfahrung zu suchen sei. Wenn sich nun aber herausstellen sollte, daß wahres Wissen nicht nur in der sinnlichen (empirischen) Erfahrung seinen Ursprung hat, sondern auch stets auf sie bezogen bleibt, dann fragt es sich, ob ein Denken, das sich gänzlich über die sinnliche Erfahrung erhebt, ein wahres, d. h. wissenschaftliches Wissen sein kann und geeignet ist, das eigentlich Seiende am Seienden zu erlangen. Es ist Immanuel KANT (1724—1804) gewesen, der diese Frage erstmals mit aller Schärfe gestellt und — verneint hat. In der Vorrede zur zweiten Auflage der „Kritik der reinen Vernunft" heißt es: „Der Metaphysik, einer ganz isolierten spekulativen Vernunfterkenntnis, die sich gänzlich über Erfahrungsbelehrung erhebt, und zwar durch bloße Begriffe (nicht wie Mathematik durch Anwendung derselben auf Anschauung), wo also Vernunft selbst ihr eigener Schüler sein soll, ist das Schicksal bisher noch so günstig nicht gewesen (wie es dies bei den Wissenschaften wie der Logik, der Mathematik und Physik schon war) [3]), daß sie den sichern Gang einer Wissenschaft einzuschlagen vermocht hätte" (KANT, Vorrede, BXV). Statt dessen ist ihr Verfahren ein „bloßes Herumtappen" geblieben und, was nach KANT „das Schlimmste" ist, „unter bloßen Begriffen" (Ebd.).

---

[1]) Vergl. etwa J. ZINKES Hinweis auf HAHNEMANNS angeblicher Verwurzelung im Vitalismus (ZINKE, 12) oder A. VOEGELIS Versuch, einen Zusammenhang der Auffassungen von HAHNEMANN und PARACELSUS zu konstruieren (VOEGELI, 71—93).

[2]) Vergl. G. RISCH, Homöopathie — die göttliche Heilkunst, in: KH 1972/6.

[3]) Klammer vom Verfasser.

Es kommt nun darauf an, erklärt KANT, die Metaphysik, und d. i. die Philosophie, auf den sicheren Gang einer Wissenschaft zu bringen, d. h. Philosophie selbst in Wissenschaft zu verwandeln. Dazu benötigt sie einen festen Boden, der kein anderer ist als der der sinnlichen Erfahrung. Jede wahre Erkenntnis hebt nach KANT nicht nur mit dieser an, sondern sie vollendet sich auch in ihr; d. h. jeder wahre Begriff muß sich in einem Bilde darstellen lassen können. Nehmen wir ein Beispiel! Es scheint, daß der Begriff der „Substanz" ein völlig abstrakter, leerer Begriff ist. Aber wenn wir ihm den wahren Sinn abgewinnen, läßt er sich versinnlichen und hat damit einen Sinn. Das substantiell Seiende ist nämlich dasjenige, das im Wechsel der Zeit beharrt. Die Zeit wiederum ist nichts anderes als das, was Anschauung ermöglicht. Der Begriff der Substanz ist also dann kein leerer Begriff, wenn er auf Anschauung und damit auf Erfahrung bezogen wird. Was für diesen Grundbegriff gilt, gilt nach KANT für alle Grundbegriffe unseres Denkens.

Die Verwandlung der Philosophie in Wissenschaft hat zur Folge, daß Dinge, wie sie unabhängig von der Erfahrung, d. i. „an sich" vorhanden sind, vom Menschen nicht erkannt werden können. Eine das Ding an sich erreichende Erkenntnis ist nach KANT „allein dem Urwesen" (KANT, B 72) vorbehalten. Der Mensch vermag wesenhaft (und nicht bloß de facto) aufgrund der Struktur seiner Vernunft „nur" das zu erkennen, was vor die Sinne kommt, d. h. erscheint. Sein Erkennen bewegt sich im Bereich des Erscheinenden, welches Erscheinende keineswegs mit „bloßen Erscheinungen" gleichgesetzt werden darf. Allein das Erscheinende ist für uns Menschen nach KANT das Wirkliche.

Aber die Verwandlung der Philosophie in Wissenschaft hat nicht nur diese, wie es scheint, negative Konsequenz im Gefolge, sondern auch eine positive, nämlich eine neue Fassung des Begriffs von Wissenschaft, der jetzt zu betrachten ist.

Wenn KANT lehrt, die sinnliche, empirische Erfahrung sei dasjenige, von dem her das Denken seinen Anfang nehmen und auf das zurück es sich beziehen müsse, scheint es, wie wenn KANT sagen wolle: Das Denken hat sich gänzlich nach der sinnlichen, empirischen Erfahrung zu richten. Aber gerade das ist nach KANT unmöglich, und zwar deshalb, weil damit Wissenschaft unmöglich wird. Unsere Erfahrung wechselt beständig und läßt keine notwendige und allgemeingültige Erkenntnis zu, durch die Wissenschaft konstituiert ist. KANT steht damit vor der paradoxen Aufgabe, das Denken einerseits an die sinnliche, empirische Erfahrung zu binden, es andererseits aber doch nicht in ihre Abhängigkeit geraten zu lassen. KANT löst dieses Problem, indem er zeigt, daß das Denken der sinnlichen, empirischen Erfahrung vorausgeht, und zwar in dem Sinne, wonach es Erfahrung — aber nur diese — überhaupt erst ermöglicht. In der Art, wie KANT das Verhältnis von Denken und Erfahrung faßt, liegt das ganze Wesen des neuzeitlichen Wissenschaftsbegriffs beschlossen. KANT hat diesen Wissenschaftsbegriff nicht erst erfunden, aber als erster unmißverständlich zu Wort gebracht. Dieser Wissenschaftsbegriff ist so modern, daß er noch keineswegs in alle Einzelwissenschaften, wie etwa in die heutige Medizin, insbesondere, sofern man sie hinsichtlich der Art ihres Heilverfahrens betrachtet, Eingang gefunden hat. Was es mit diesem Wissenschaftsbegriff auf sich hat, ist nun näher zu erläutern.

Das Denken — und dazu gehören nicht nur die reinen Begriffe, sondern auch die reinen Formen der Anschauung — ermöglicht nach KANT sinnliche, empirische Erfahrung, d. h. es geht dieser voraus. Was heißt das? Es heißt nicht: Zuerst wird gedacht und dann sinnlich empirisch angeschaut. Das Vorausgehen hat keine zeitliche Bedeutung, sondern eine sachliche. Es besagt: Das Denken entwirft der Erfahrung voraus die Weise, wie das, was in ihr erfahren wird, überhaupt erfahren werden kann. Wenn alles sinnlich Seiende „in der Zeit" begegnet, muß in der Erkenntnisstruktur des Menschen etwas liegen, das solches Begegnen ermöglicht. Nur weil der Mensch in seinem Erkennen und Sein im voraus schon auf Zeit entworfen ist, kann Seiendes „in der Zeit" begegnen. Der Vorausentwurf, d. h. die KANTsche „Kritik der reinen Vernunft" umgrenzt vor aller Erfahrung vollständig die Bedingungen (des Erkennens und des Seins), die festlegen, in welcher Weise Seiendes überhaupt erfahren werden kann.

Damit richtet sich das Denken nicht nach dem, was in der Erfahrung erfahren wird, also nach dem Gegenstand, sondern umgekehrt: Der Gegenstand der Erfahrung richtet sich nach dem Denken. KANT hat diese Einsicht als die kopernikanische Wende der Philosophie bezeichnet. „Bisher nahm man an, alle unsere Erkenntnis müsse sich nach den Gegenständen richten; aber alle Versuche, über sie a priori etwas durch Begriffe auszumachen, wodurch unsere Erkenntnis erweitert würde, gingen unter dieser Voraussetzung zunichte. Man versuche es daher einmal, ob wir nicht in den Aufgaben der Metaphysik damit besser fortkommen, daß wir annehmen, die Gegenstände müssen sich nach unserer Erkenntnis richten ... Es ist hiermit eben so, als mit dem ersten Gedanken des Kopernikus bewandt ..." (KANT, Vorrede, B XVI).

Im Blick auf die Erfahrung bedeutet das: In ihr wird nichts erfahren, was nicht immer schon im voraus entworfen, d. h. gewußt, gekannt ist. Für den Begriff der Wissenschaft ergeben sich daraus drei Wesensmerkmale.

1. Das Wissen aufgrund des Vorausentwurfs besitzt apriorischen Charakter. Es hat mit einem Wissen, das die Erfahrung überfliegt, nichts zu tun, denn sein Wesen liegt allein darin, Erfahrung zu ermöglichen. Es ist kein spekulatives Wissen und beansprucht nicht, das Ding an sich, die Ursache oder die Wesenheit zu erkennen.

2. Als apriorisches Wissen ist es zugleich ein gewisses Wissen. Denn es ist aus dem geschöpft, was für das neuzeitliche Denken allein das fundamentum inconcussum ausmacht: die reine Vernunft, d. i. die Subjektivität.

3. Als apriorisch gewisses Wissen ist es ebenso ein mathematisches Wissen. Dabei ist der Begriff des Mathematischen nicht von der Mathematik her zu denken, sondern von seinem griechischen Wesen her: der μάθησις. „Die μαθήματα, das sind die Dinge, sofern wir sie in die Kenntnis nehmen, als das in die Kenntnis nehmen, als was wir sie eigentlich im voraus schon kennen“ (Heidg., 56). Das W e s e n des Mathematischen beruht weder in Zahlen noch in geometrischen Figuren, sondern in einer bestimmten Weise des L e r n e n s , nämlich in jener, in der wir das zur Kenntnis nehmen, was wir eigentlich schon kennen. Und da die Mathematik vom Mathematischen im erläuterten Sinne bestimmt ist, kann KANT den Begriff der Wissenschaft, um den es ihm geht, am Beispiel der Mathematik erklären: „Dem ersten, der den gleichseitigen Triangel demonstrierte (er mag nun THALES oder wie man will geheißen haben), dem ging ein Licht auf; denn er fand, daß er nicht dem, was er in der Figur sahe, oder auch dem bloßen Begriffe derselben nachspüren und gleichsam davon ihre Eigenschaften ablernen, sondern durch das, was er nach Begriffen selbst a priori hineindachte und darstellete (durch Konstruktion), hervorbringen müsse, und daß er, um sicher etwas a priori zu wissen, er der Sache nichts beilegen müsse, als was er seinem Begriffe gemäß selbst in sie gelegt hat“ (KANT, Vorrede, B XII). Wissenschaft im neuzeitlichen, von KANT zu Wort gebrachten Sinne impliziert ein apriorisches gewisses mathematisches Wissen. Dieser Begriff des Wissens und der Wissenschaft ist nicht nur eine Welt verschieden gegenüber jenem an der Kausalität orientierten, sondern auch der eigentlich legitime, weil geschichtlich fortschrittlichere. Er entfaltet heute — wenn auch nicht mehr als Philosophie — eine neue Grundwissenschaft, die Kybernetik.

Erst jetzt, d. h. nach der, wenn auch nur kurzen und in groben Zügen, erfolgten Erörterung der Grundgedanken KANTS, wird die Kritik HAHNEMANNS an der überlieferten Medizin voll verständlich. Was HAHNEMANN nur pragmatisch und damit im Grunde gar nicht begründet, daß das innere Wesen (die Ursache) der Dinge (und damit des Lebens, der Gesundheit, der Krankheit, der Arzneien) unbekannt bleibt, das begründet KANT in seiner Philosophie. Die „Dinge an sich“ bleiben unbekannt, weil sie entsprechend dem Wesen der menschlichen Vernunft notwendig unbekannt bleiben müssen. Erst durch den Rückgang auf die zu HAHNEMANNS Lebzeiten aufgekommene Philosophie werden die HAHNEMANNschen Thesen über die Medizin verständlich. Die Grundstellung der Medizin liegt außerhalb der Medizin selbst — das gilt nicht nur für die Homöopathie, sondern auch für die Allopathie, die, wie sich zeigt, mit ihrem von ihr selbst artikulierten Wissenschaftsbegriff noch auf dem Stand der Jahrhunderte vor 1781 (Zeitpunkt des Erscheinens der ersten Auflage der KANTschen Kritik der reinen Vernunft) stehengeblieben ist. Denn daß die heutige Medizin dieselbe ist wie die überlieferte Medizin, an der HAHNEMANN hinsichtlich ihrer Heilmethode Kritik geübt hat, wird nur derjenige bestreiten, dem ob der steigenden Vielfalt medizinischer Disziplinen, den täglich neuen Forschungshypothesen und -resultaten, der jetzt schon ins Gigantische angewachsenen technischen Apparatur der Blick für das Einfache, das das Wesentliche ist, verlorengegangen ist. Damit ist auch gesagt, daß die Rückführung HAHNEMANNS auf KANT kein Rückschritt in eine längst vergangene Epoche ist. Der von KANT gedachte Wissenschaftsbegriff ist der neuzeitliche, der moderne, der von der heutigen Medizin bezüglich des Heilverfahrens trotz des Scheins des Gegenteils noch nicht eingeholt ist.

Freilich wäre es ein Mißverständnis, wenn man glauben würde, hier werde behauptet, HAHNEMANN sei ein Anhänger KANTS, ein Kantianer, gewesen. Dieses mögliche Mißverständnis resultiert aus einem anderen, nämlich dem, wonach man meint, Philosophie sei nichts als eine Lehre, die an Schulen und Hochschulen gelehrt werde. In Wahrheit bringt Philosophie vielmehr das zu Wort, was sich als das Innerste der Geschichte ereignet. Die Zeitalter (Antike, Mittelalter, Neuzeit) stehen je auf dem Boden einer Philosophie, d. h. eines von einem oder mehreren Philosophen zu Wort gebrachten Grundzuges der Geschichte, ohne daß die Zeitalter das eigens wüßten oder zu lernen brauchten. HAHNEMANN ist ohne KANT nicht zu verstehen, aber er ist gleichwohl kein Kantianer.

HAHNEMANN steht nicht nur in betreff der Kritik an der überlieferten Medizin auf dem Boden KANTS, sondern vor allem in betreff auf seine Idee von Wissenschaftlichkeit. Freilich gehört beides — Kritik und Idee der Wissenschaft — in eine Einheit zusammen. Letztere ist im folgenden darzulegen.

IV. Der Wissenschaftscharakter der Heilkunst nach Hahnemann

Oben wurde schon darauf hingewiesen, daß das, was nach HAHNEMANN an der Medizin zur Wissenschaft werden muß, ihre Methode ist; das Heilverfahren als solches oder die Medizin als Kunst muß wissenschaftlichen Charakter erhalten — nicht die Medizin als Disziplin einer theoretischen Wissenschaft.

Wissenschaftlichen Charakter hat das Heilverfahren nach HAHNEMANN dann, wenn es zum ersten auf dem Boden der Erfahrung steht.

Jahre bevor die erste Auflage des „Organon" erschien, hatte HAHNEMANN sein neues Heilverfahren unter dem Titel: „Heilkunde der Erfahrung" der Fachwelt vorgelegt. Erfahrung ist für HAHNEMANNS Idee der Wissenschaft von zentraler Bedeutung, sofern die neue Methode „selbst nichts, als eine Erfahrungswissenschaft ist" (RAL II, 48). Für HAHNEMANN macht die Erfahrung, d. i. die durch „sinnliche Wahrnehmung" oder „Beobachtung" (bezüglich des Zusammenhangs der drei Begriffe vergl. RAL IV, 14/15) gewonnene Erkenntnis nicht nur die Quelle menschlicher, bzw. ärztlicher Erkenntnis aus, sondern sie ist auch dasjenige, auf das die Begriffe, mit denen es das neue Heilverfahren zu tun hat, gestellt sind. Jeder Begriff, soll er sinnvoll sein, muß sich durch den Bezug auf Erfahrung ausweisen können; wo das nicht der Fall ist, wo er Erfahrung transzendiert, hat er innerhalb der neuen Heilmethode nichts zu suchen.

Vom grundlegenden Begriff des Lebens sagt HAHNEMANN: „Was Leben sey, ist bloß aus dessen Aeußerungen und Erscheinungen empirisch erkennbar, durch metaphysische Speculationen aber, a priori, durchaus nicht zu erdenken (construieren); was Leben an sich und in seinem inneren Wesen sey, läßt sich nie von Sterblichen einsehen, noch durch Vermuthungen erreichen" (RAL II, 4). Am Leitfaden dieses Wortes ist auch HAHNEMANNS Lehre von der „Lebenskraft" auszulegen. Diese Lehre steht bei HAHNEMANN streng auf dem Boden der Erfahrung. Denn Leben als „Kraft" bestimmen heißt, es als solches bestimmen, das sich niemals als es selbst, sondern ausschließlich in seinen Wirkungen, d. h. im Bereich der Erfahrung manifestiert. HAHNEMANNS Lehre von der Lebenskraft hat daher mit der theoretischen Position eines Vitalismus nichts zu tun.

Dasselbe, was vom Begriff des Lebens gilt, gilt vom Begriff der Krankheit, dasselbe vom Begriff einer Arznei. Was Krankheit ist, nimmt der Arzt nach HAHNEMANN nicht durch theoretische Spekulation, d. h. durch ein sich im Horizont von Ursache und Wesenheit bewegendes Denken wahr, vielmehr zeigt sich ihm dieses Was nicht anders „als äußerlich durch die Sinne", d. h. durch „Krankheitszeichen, Zufälle, Symptome" (Org., § 6). Im § 11 des Organon sagt HAHNEMANN unmißverständlich von der Krankheit: „... denn dieses, an sich unsichtbare und bloß an seinen Wirkungen im Organism erkennbare Kraftwesen, giebt seine krankhafte Verstimmung nur durch Aeußerung von Krankheit in Gefühlen und Thätigkeiten, (die einzige, den Sinnen des Beobachters und Heilkünstlers zugekehrte Seite des Organisms), das ist, durch Krankheits-Symptomen zu erkennen und kann sie nicht anders zu erkennen geben."

Daß HAHNEMANN seine Auffassung über Krankheit als „Verstimmung der Lebenskraft" nicht als Theorie versteht — so wenig wie auch seine Auffassung über das Leben als Kraft — sagt er ausdrücklich in einer Anmerkung im Organon: „Wenn ich Krankheit eine Stimmung oder Verstimmung des menschlichen Befindens nenne, so bin ich weit davon entfernt, dadurch einen hyperphysischen Aufschluß über die innere Natur der Krankheiten überhaupt, oder eines einzelnen Krankheitsfalles insbesondere geben zu wollen" (Org., 180, Anm. 63; vergl. 177, Anm. 54).

Dasselbe gilt für den Begriff der Arznei. Der § 20 des Organon sagt: „Diese im innern Wesen der Arzneien verborgene, geistartige Kraft, Menschenbefinden umzuändern und daher Krankheiten zu heilen, ist an sich auf keine Weise mit bloßer Verstandesanstrengung erkennbar; bloß durch ihre Aeußerungen beim Einwirken auf das Befinden der Menschen, läßt sie sich in der Erfahrung, und zwar deutlich wahrnehmen" (Org., 47). Ob ein bestimmtes Mittel, zum Beispiel eine Hochpotenz, eine Arznei ist, wird allein auf dem Boden der Erfahrung entschieden, nicht vermittels einer Verstandesanstrengung. Sache des Verstandes ist die Analyse, z. B. die chemische Analyse, d. h. das Auseinanderlegen einer Ausgangssubstanz bis zu solchem, das nicht mehr auseinanderlegbar ist. Dieses gilt dem Verstand als das Letzte, als die Ursache, mit der er das Wesen der Sache gefunden zu haben meint. Aber mit diesem Vorgehen erhebt sich der Verstand über die Erfahrung, denn dieses Letzte der Analyse ist niemals in seiner Ursächlichkeit oder Wesentlichkeit sinnlich sichtbar zu machen. Es kann nur dergestalt gedacht werden. Aber Gedachtes, das sich in der Erfahrung nicht ausweist, ist Spekulation. Es wäre somit ein Rückfall in den bodenlosen Bereich des Spekulativen, wenn es gelingen sollte, die Wirkung der Hochpotenzen chemisch zu beweisen. Hätte die homöopathische Ärzteschaft begriffen, daß in der Frage der Wirkung der Arzneien die Erfahrung, d. h. die durch Sinne erkennbaren „Veränderungen im Befinden des Leibes und der Seele" (Org., § 6) — also des Menschen — allein entscheidet (vgl. RAL II, 49) — hätte also die homöopathische Ärzteschaft begriffen, was das heißt, daß die Homöopathie auf dem Boden der Erfahrung steht, dann würde sie davon ablassen, bei der überlieferten Medizin nach den von dieser bestimmten und kritiklos übernommenen Kriterien von Wissenschaftlichkeit um Anerkennung hinsichtlich der Wirkung der Hochpotenzen nachzusuchen; sie würde dann auch davon ablassen, im eigenen Kreise das Hochpotenzproblem zu „diskutieren" und würde statt dessen konkrete Forschungsarbeit mit Hochpotenzen — z. B. die Vervollständigung und Bereicherung der Materia medica durch Arzneimittelprüfungen großen Umfangs — betreiben und das allein als ihre Aufgabe und Pflicht betrachten.

Hahnemann hatte erklärt: Was Leben ist, zeigt sich an dessen „Aeußerungen und Erscheinungen", was Krankheit ist, zeigt sich durch „Krankheitszeichen, Zufälle, Symptome", ob und wie eine Arznei wirkt, erweist sich „bloß durch ihre Aeußerungen beim Einwirken auf das Befinden der Menschen" — stets ist das Zeichen, bzw. das Symptom von ausschlaggebender Bedeutung, und zwar nicht nur in dem Sinne, wonach eben Symptome da sein müssen, um zum Beispiel eine Krankheit zu erkennen, sondern in dem Sinne, daß Symptome dasjenige sind, in denen sich das Wesen der Krankheit ausspricht. Der Hahnemannsche Begriff des Symptoms ist daher näher zu erläutern.

Auszugehen ist von der Bedeutung des Zeichens. Für Hahnemann besagt Symptom so viel wie Krankheitszeichen. Wesentlich am Zeichen ist zunächst nicht sein hinweisender, sondern sein zeigender Charakter. Das Zeichen zeigt; läßt sinnlich sichtbar sehen; stellt das Gezeigte heraus in den Bereich der sinnlichen Erfahrung. Zu dieser gehört wesenhaft Raum (Ort) und Zeit. Jedes Symptom ist daher örtlich und zeitlich bestimmt. Daher ist zu unterscheiden zwischen Symptom und klinischem Befund; letzterer kann niemals Symptom sein so wie Hahnemann Symptom versteht, denn zumindest mit der Zeit (Stunde, Tag, Jahreszeit, Periodizität des Auftretens der Gesundheitsstörung) hat ein klinischer Befund nichts zu tun; er abstrahiert davon und gibt nicht mehr die Totalität dessen wieder, was sich sinnlich sichtbar in einem Krankheitszeichen zeigt.

Aber zum Zeichen gehört nicht nur das Sichzeigen. Genauer besehen handelt es sich beim Zeichen gar nicht um ein einfaches Sichzeigen, vielmehr um ein A n - z e i g e n ; das Zeichen zeigt dergestalt, daß sich im Gezeigten etwas anzeigt, das sich wesenhaft nicht zeigt; nämlich das Wesen des — wie Hahnemann erklärt — „inneren" (also des grundsätzlich an ihm selbst unsichtbar bleibenden) „Übelbefindens" (vergl. RAL II, 4). Eben darin liegt die bei Hahnemann gegebene Bedeutung von „Symptom". Das Wort geht zurück auf die beiden griechischen Worte *„σύν"* = zusammen und *„πίπτω"* = fallen; d. h. das Sichzeigende an der Gesundheitsstörung geht mit solchem zusammen, das sich an ihm selbst nicht zeigt. Nichts anderes besagt auch das Hahnemannsche „Zufall"; nämlich Zusammenfall des Sichzeigenden mit dem Sichnichtzeigenden. Weil das Sichnichtzeigende solches ist, das sich niemals zeigt, d. h. als Sichniemalszeigendes präsent ist, braucht hinter den Symptomen nichts mehr gesucht zu werden. Sie sind, wie Hahnemann folgerichtig erklärt, „für den Heilkünstler die Krankheit selbst" (Org., 173, Anm. 48). Der Begriff des Symptoms bestätigt so die Hahnemannsche Konzeption der Heilkunde als eine das Nichtige der Spekulation durchschauenden Heilkunde der Erfahrung.

Die neue Heilmethode ist nicht nur deshalb die wissenschaftliche, weil sie in dem angegebenen Sinne auf dem Boden der Erfahrung steht, sondern weil sie zum zweiten ein Wissen einschließt, das dem neuzeitlichen apriorisch gewissen mathematischen Wissen entspricht. Das gilt es im folgenden zu erläutern.

Sein frühes Werk: „Heilkunde der Erfahrung" unterstellt Hahnemann dem Leitspruch: *„Ἀτελῆς ἄλογος πρᾶξις καὶ λόγος ἄπρακτος"*. Übersetzung: „Nicht zum Ende, d. h. zur Vollendung führt Erfahrung ohne Vernunft und Vernunft ohne Erfahrung." Hahnemann hat dieses Wort Gregor von Nazianz, einem christlichen Theologen der sogenannten Patristik, entnommen und auf seine Weise ausgelegt.

Was es heißt, am Leitfaden einer „Vernunft ohne Erfahrung" vorzugehen, wurde schon dargelegt. Es handelt sich um das Vorgehen der überlieferten Medizin, die ihre Begriffe, allem voran den Begriff der Krankheit, lediglich denkt, nicht aber in der Erfahrung ausweist. Solches Vorstellen ohne Ausweisung in der Erfahrung ist Spekulation — eine Weise des Erkennens, die das dem Menschen Mögliche übersteigt.

Aber es gibt noch einen zweiten Weg, den Hahnemann nicht für gangbar hält: den Weg der „Erfahrung ohne Vernunft". Was heißt das? Die Wahrheit der Vernunft liegt in dem oben genannten apriorischen gewissen mathematischen Wissen;

es geht also um einen Weg der Erfahrung ohne solches Wissen. Er wird immer dort beschritten, wo man Erfahrungen macht ohne zu wissen, warum diese oder jene Erfahrung notwendig gemacht werden muß. Erfahrung ohne Vernunft liegt zum Beispiel vor, wo man versucht, die *Gesetze* der Heilkunst aus der Erfahrung *abzuleiten*.

Aber ist nicht gerade dieses Vorgehen der Stolz der Medizin als einer Erfahrungswissenschaft? In der Tat! Und so wurde und wird sogar der Versuch gemacht, das oberste Gesetz des homöopathischen Heilverfahrens, das Gesetz der Ähnlichkeit, als aus der Erfahrung abgeleitet hinzustellen. Aber ein Ableiten aus der Erfahrung führt niemals zu einem Gesetz, d. i. zu solchem, das allgemein notwendig und immer gilt, sondern nur zu dem, was eine gewisse Wahrscheinlichkeit für sich hat. Die erfahrungsmäßige, d. h. am Kranken vollzogene Anwendung eines Medikaments z. B. erbringt, wenn sie Erfolg gehabt hat, niemals die Erkenntnis, daß das gleiche Medikament bei einem anderen Patienten mit sehr ähnlicher Krankheit *notwendig* heilen muß. „Allein selbst aus dem heilsamen Erfolge einer einzelnen Arzneisubstanz, und sogar (was selten geschah) in einem genau beschriebenen Krankheitsfalle, können wir nie den Fall, wo diese Arznei ferner heilsam seyn werde, kennenlernen, weil (ausgenommen die Krankheiten von feststehendem Miasm ...) alle übrigen Krankheitsfälle nur einzeln, das ist, jede unter einer abweichenden Symptomen-Verbindung in der Natur erscheinen, nie vorher genau so dagewesen sind und genau auf dieselbe Art nie wieder kommen können, folglich ein Heilmittel für diesen Fall keinen Schluß auf seine Heilsamkeit in einem anderen (verschiedenen) Fall verstattet" (RAL II, 11 Anm.). Die Heilung aufgrund solcher Erfahrung legt sich lediglich nahe. Daß Heilungen auf solche Weise zustande gekommen sind und zustande kommen, wird kein „weltkundiger Mann", wie Hahnemann erklärt, leugnen. „Daraus ist aber nichts anders zu entnehmen, als was wir Alle schon wissen: daß Arzneien Krankheiten heilen ‚können'; aber es ist aus diesen casibus fortuitis nichts zu lernen; sie stehen bis jetzt einsam in der Geschichte, noch ganz ohne Nutzen für die Praxis" (RAL III, 53).

Wo Erfahrung nicht nur zum Ursprung sinnlicher, sondern zum Ursprung *aller* Erkenntnis erhoben wird, also auch zum Ursprung der Heilgesetzlichkeit, da liegt ein Vorgehen ohne Vernunft vor, ein Irrweg, der ein wissenschaftliches Heilverfahren unmöglich macht. Hahnemann hat dieses, die Erfahrung überschätzende, der Vernunft zuwiderlaufende und damit unsachgemäße Erfahrungsverständnis „die Erfahrung unserer gewöhnlichen Practiker alter Schule" (Org., 179, Anm. 60) genannt, kurz die Erfahrung im Sinne der „Empirie" (RAL VI, 120) und des „Empirikers" (RAL III, 48), d. i. die gewöhnliche Erfahrung. In der Tat ist das Verständnis von Erfahrung im Sinne der gewöhnlichen Erfahrung zur allgemeinen Heerstraße geworden — nicht nur bei Heilpraktikern, Erfahrungsheilkundlern verschiedenster Schattierungen, vielmehr auch bei der homöopathischen

Ärzteschaft, wo immer letztere die Prinzipien ihrer Heilmethode ausspricht. Aber HAHNEMANN unterscheidet streng sein Vorgehen gegenüber dem der gewöhnlichen Erfahrung. „Bisher", d. h. vor dem Aufkommen der homöopathischen Methode, „hat man meist nur einen sehr empirischen Gebrauch" der Arzneien gemacht ... jetzt aber, angesichts der neuen Methode, ist diese Weise des Gebrauchs der Arzneien und die damit verbundene Erfahrung nicht mehr vertretbar. Nach Jahrhunderten einer Erfahrung ohne Vernunft ist die Stunde einer Erfahrung mit Vernunft angebrochen, d. h. einer Erfahrung, die mit einem apriorischen gewissen mathematischen Wissen zusammengeht. Im zureichenden Verständnis des Verhältnisses von Erfahrung und diesem Wissen liegt der Schlüssel für HAHNEMANNS Idee der Wissenschaft. So wenig wie für HAHNEMANN Begriffe und Heilgesetze Sinn haben, wenn sie Erfahrung transzendieren, so wenig ist für HAHNEMANN Erfahrung sinnvoll, d. h. so wenig kann sie in den Kontext einer Erfahrungswissenschaft gebracht werden, wenn sie zum alleinigen Ursprung allen Wissens gemacht wird.

Wenn die Heilmethode einerseits auf dem Boden der Erfahrung steht, andererseits aber ein im neuzeitlichen Sinne wissenschaftliches Wissen einschließen soll, dann kann das Verhältnis von Erfahrung und Wissen nur in einem dem gewöhnlichen Verständnis gegenüber umgekehrten Sinne gedacht werden. Nicht Erfahrung bedingt das Wissen, sondern das genannte Wissen bedingt Erfahrung, d. h. macht sie allererst möglich.

Aus der so gefaßten Idee einer Erfahrungswissenschaft ergibt sich für HAHNEMANN alles weitere; allem voran die Anweisung, das, was Erfahrung, also die Konstatierung der Heilung der Kranken durch eine Arznei, ermöglicht, *im voraus* zu entwerfen. HAHNEMANN mußte also nach einer Möglichkeit suchen, ein Heilverfahren zu entwickeln, das die Ausmittelung der Arzneien hinsichtlich ihrer Arzneikraft vor ihrer Verabreichung im Krankheitsfalle, also die Erkenntnis der Arzneien a *priori*, zum Prinzip erhebt. HAHNEMANN hat dieses Prinzip vor allem in der kurzen Abhandlung „Geist der homöopathischen Heil-Lehre" mit aller Deutlichkeit ausgesprochen. Sind erst einmal, so erklärt er dort, die Wirkungen der Arzneien *vor* ihrem Gebrauch in Krankheiten vollständig durchgeprüft und aufgezeichnet, dann ist die grundlegende, weil ein wissenschaftliches Heilverfahren ermöglichende, Arbeit geleistet, „um jedesmal im voraus zu wissen, welche unter allen den nach ihren eigentümlichen Symptomen gekannten und ausgeprüften, verschiedenen Arzneien in dem jedesmaligen Krankheitsfalle das gewisseste Heilmittel sey" (RAL II, 10). Und HAHNEMANN fährt in einer Anmerkung zu dem Gesagten fort: „So einfach, wahr und natürlich auch dieser Satz ist, daß man hätte meinen sollen, er wäre schon längst zum Grundsatze der Erkenntnis der Heilkräfte angenommen worden, so wenig ist man doch in der Tat bisher auch nicht von weitem, darauf gekommen. In den mehreren Jahrtausenden, so weit die Geschichte reicht, kam niemand auf diese naturgemäße Quelle der Erkennung der Heilkräfte der Arzneien zum Voraus und vor ihrer Anwendung in den Krankheiten selbst" (Ebd.). Wenn HAHNEMANN dann konsequenterweise mit seinen Mitarbeitern eine „reine Arzneimittellehre" erarbeitet, so besagt das „rein" nicht nur, daß alles beiseite gelassen ist, was nicht erweislich von der betreffenden Arznei herrührt, vielmehr daß es sich um Arzneiwirkungen handelt, die vor einer Anwendung an Kranken festgestellt wurden, also a priorische Wirkungen sind.

Nur der Arzt bedient sich eines wissenschaftlichen Heilverfahrens, der aufgrund des Vorausentwurfs einer reinen Arzneimittellehre therapiert. „Gott bewahre", so ruft HAHNEMANN aus, „jeden Kranken vor einem Arzte, der nicht weiß, warum er dies oder jenes Arzneimittel verordnet, der nicht überzeugende Gründe dazu hat, der nicht im voraus weiß, welche Arznei dem Kranken heilsam oder verderblich sein werde" (RAL II, 122). Und an anderer Stelle sagt HAHNEMANN: „Vorausgesetzt nun..., daß beim Heilen das Hauptgeschäft des Arztes im Vorauskennen derjenigen Arznei besteht, welche mit möglichster Gewißheit die Heilung erwarten läßt, so muß er, da Heilung durch Arzneien bloß durch Befindensveränderung erfolgt, hauptsächlich vorauswissen, was die einzelnen Arzneien im Befinden des Menschen ändern können, ehe er eine derselben zum Eingeben wählt, wenn er sich nicht einer verbrecherischen Unbesonnenheit und eines unverzeihlichen Angriffs auf Menschenleben schuldig machen will" (RAL IV, 16).

Sofern durch den Vorausentwurf der Arzneiwirkungen schon im voraus feststeht, was am Kranken, d. h. in der Erfahrung, geschehen wird, schließt ein solches Heilverfahren ein gewisses Wissen über das Heilen ein. Allein der Vorausentwurf ermöglicht, „das gewiß zu bewirken, was die Absicht erfordert" (RAL I, 4 Anm.). HAHNEMANN hat ein gegenüber der ihm nachfolgenden Ärzteschaft unerreichtes Wissen über seine Grundposition gehabt, wenn er von der „Natur" sagt, daß „sie in der That, so zu sagen, nach mathematischer Gewißheit" (RAL II, 25) wirkt. Diese Gewißheit des Heilens, die aus der vorgängigen Ermittelung der Heilkräfte der Arzneien resultiert, darf aber nicht zu dem Mißverständnis führen, wie wenn es die Arzneien wären, die die Heilung bewirkten. Nicht die Arznei heilt, sondern die Natur heilt sich, d. i. die allem Lebendigen eigene Kraft. Die Kraft, durch die das Leben in seinem Wesen bestimmt ist, ist das Tätige, das mittels einer allerdings notwendigen Anregung durch die Arzneien heilt. In der Lehre von der Lebenskraft gründet auch HAHNEMANNS Unterscheidung einer Erst- und einer Zweitwirkung der Arzneien.

Ein homöopathischer Arzt kann nicht der Anmaßung verfallen, daß das Schicksal über Leben und Tod des Patienten definitiv in seine Hände gelegt ist. Er weiß: Auch da, wo der Patient nach schwerer Krankheit gesundet, war es die Lebenskraft, die heilte — freilich unterstützt durch seine Kunst. Wo aber die Lebenskraft zu erlöschen beginnt, kommt ein homöopathischer Arzt nie in die Situation, sich gezwungen zu sehen, die Medikamente absetzen zu müssen, um nicht die Qual des Sterbenden zu verlängern. Der Tod ist nichts, das seine Kunst am Ende widerlegt. Die homöopathische Arznei hilft nicht nur gewiß, die Krankheit zu meistern, wo noch Lebenskraft gegeben ist, sondern auch den Tod, d. i. sie befähigt den Sterbenden, ihm, dem Tod, offen ins Auge zu sehen und ihn dergestalt existenziell zu übernehmen. Aus dem Wissen über die Gewißheit der Heilwirkung ist auch HAHNEMANNS Stellung zu der heute noch eifrig betriebenen Kasuistik klar. HAHNEMANN wurde des öfteren von seinen Anhängern gebeten, „öffentlich mitzutheilen, wie man denn nun eigentlich diese Lehre zur Ausübung bringen könne und praktisch darnach zu verfahren habe" (RAL II, 27). Nachdem, so gefragt, HAHNEMANN seiner Verwunderung über dieses im Organon längst und vollständig erfüllte Verlangen Ausdruck gegeben hat, gibt er seinen Freunden in einer „Vorerinnerung" (RAL II, 27—38) doch nach, aber nicht ohne die Überlegenheit seines Wissens spüren zu lassen. Er erzählt dort, daß er eine Patientin mit Bryonia behandelt und sie gebeten habe, nach 48 Stunden wiederzukommen. Dann fährt er fort: „Meinem Freunde E., der zugegen war, deutete ich an, daß die Frau binnen dieser Zeit durchaus gesund werden müsse, welcher aber (nur erst noch auf halbem Wege zur Homöopathie begriffen) dies in Zweifel zog. Nach zwei Tagen stellte er sich wieder ein, um den Erfolg zu vernehmen, aber das Weib kam nicht, kam auch überhaupt nicht wieder. Meinen ungeduldigen Freund konnte ich nun bloß dadurch besänftigen, daß ich ihm das eine halbe Stunde weit entfernte Dorf, wo sie wohnte, und ihren Namen nannte und ihm rieth, sie aufzusuchen und sich selbst nach ihrem Befinden zu erkundigen. Er that es und ihre Antwort war: ‚Was sollte ich denn dort? Ich war ja schon den Tag drauf gesund und konnte wieder auf die Wäsche gehen, und den anderen Tag war mir so völlig wohl, wie mir noch jetzt ist'" (RAL II, 33—34).

Der auf halbem Wege stehengebliebene Freund hatte noch nichts von der Gewißheit des Wissens, das das neue Heilverfahren gewährt, begriffen. Diesem gemäß stand schon vor dem Resultat des Heilprozesses die Heilung fest, und es bedurfte nicht mehr einer nachträglichen Konstatierung derselben. Kasuistiken haben demnach keinen wissenschaftlichen, sondern lediglich einen illustrierenden Wert. Sie gehören im eigentlichen der alten Medizin an. Die Aufgabe des neuen Heilverfahrens liegt nicht in der Darstellung von Kasuistiken, sondern in der Prüfung der Arzneimittel am Gesunden.

Und gleichwohl wirft die nachträgliche, d. i. empirische zur Kenntnisnahme der Heilung ein Licht auf die Weise, wie hier Empirie (Erfahrung) gegeben ist. Sie ist als im voraus ermöglichte, als hergestellte Erfahrung da. Das Wissen, das ihr zugehört und das nur die andere Seite des gewissen Vorauswissens ist, hat in dem oben angegebenen Sinne mathematischen Charakter. D. h. in dieser Weise von Erfahrung kommt nur das zur Kenntnis, was schon gekannt ist.

Ein solches apriorisches gewisses mathematisches Heilverfahren ist nur als Homöopathie, niemals als Allopathie möglich. Machen wir die Probe und betrachten das allopathische Vorgehen beim Heilen. Hier soll das Wissen um das Heilvermögen einer Arznei dadurch gewonnen werden, daß man diese an Kranken erprobt. Setzen wir den Fall, die Gesundung des Kranken sei eingetreten, dann ergibt sich das Wissen um das Heilvermögen der Arznei n a c h dem Arzneigebrauch. Das Wissen hinkt hier stets hinter dem Krankheitsgeschehen hinterher; es ist ein a p o s t e r i o r i s c h e s Wissen, das dabei gewonnen wird, und taugt daher niemals zu einem gewissen wissenschaftlichen Therapieren.

Aber wird denn nicht auch in einer allopathischen Praxis, so läßt sich einwenden, nur die im voraus erprobte Arznei verabreicht? Antwort: In der Tat trifft das in einem bestimmten, aber eben nicht entscheidenden Sinne zu. Die Wirkung einer allopathischen Arznei wird bekanntlich zunächst einmal chemisch, also naturwissenschaftlich — exakt, ausgemittelt und festgelegt. Im Umkreis der Chemie spielt die Frage einer Erprobung der Arznei am Kranken oder Gesunden keine Rolle, weil die Frage Krankheit/Gesundheit überhaupt außerhalb des Umkreises der Chemie liegt. Die chemisch exakt ausgemittelte und festgelegte Wirkung, die kein Vernünftiger bestreiten will und kann, ist aber nicht die letzte Instanz, die über die tatsächliche Anwendung am Kranken zum Zwecke der Heilung entscheidet. Diese letzte Instanz, die das definitive Wissen über die Heilwirkung der Arzneien erbringt, ist die klinische Erprobung, d. h. die Erfahrung am Kranken. Das dergestalt gewonnene Wissen liegt im Blick auf die Anwendung in einer allopathischen Praxis dieser zwar voraus, aber lediglich zeitlich, nicht sachlich. Der Sache nach hat es aposteriorischen Charakter; es ist ein Wissen, das sich im nachhinein, nach der Anwendung am Kranken ergibt.

Daß ein Heilverfahren, das auf einem apriorischen gewissen mathematischen Wissen beruht, nur als Homöopathie möglich ist, besagt: Heilmittel können nur die sein, die solche Symptome zu erzeugen imstande sind, die denen, die bei Krankheiten auftreten, ähnlich (*ὅμοιος*) sind. Denn wenn die Heilkraft der Arzneien definitiv im voraus, d. i. vor der Anwendung im Krankheitsfalle ausgemittelt werden soll, dann bleibt eben keine andere Möglichkeit als die Erprobung am Gesunden. Am Gesunden können aber nur Krankheitssymptome erzeugt werden. Heilmittel eines im neuzeitlichen Sinne wissenschaftlichen Heilverfahrens kann nur sein, was Krankheitszeichen am Gesunden hervorgebracht hat und hervorbringt — also ein h o m ö o p a t h i s c h e s Mittel.

Es ist ein Irrtum zu meinen, das oberste Gesetz der Homöopathie, die Ähnlichkeitsregel, hätte rein empirischen Charakter, sei ein rein empirischer Satz. Wenn Hahnemann erklärt, er sei durch Versuche an sich selbst mit der Chinarinde (Vergl. RAL III, 99, Anm.) auf dieses Gesetz gekommen, schildert er nur den W e g der Erkenntnis zu diesem Gesetz. Aber damit ist noch nichts darüber gesagt, welchen W e s e n s dieses Gesetz ist. Es ist — wiewohl empirisch gefunden — doch kein empirisches Gesetz, sondern ein Gesetz, das dem geschichtlichen Wesen der neuzeitlichen Wahrheit entspringt und in diese gehört. Mit der neuen, homöopathischen Konzeption des Heilverfahrens hat Hahnemann, so läßt sich sagen, die *kopernikanische* Wende innerhalb der Medizin vollzogen. Denn jetzt richtet sich das Wissen um das Heilen nicht mehr nach den in immer neuen Weisen auftretenden, im Grunde nie einholbaren Krankheiten wie in der Allopathie, sondern die Krankheit muß sich nach dem Wissen um das Heilen richten. D. h. homöopathisch gesehen tritt als Krankheit nur auf, was im voraus in der reinen Arzneimittellehre schon ausgemittelt worden ist. Darin ist impliziert, daß es — wiederum homöopathisch gesehen — natürliche Krankheiten nicht gibt. Jede natürliche Krankheit ist in Wahrheit eine Arzneimittelkrankheit (ein Aurum-, Belladonna-, Phosphorfall etc.). Darin bestätigt sich aber nur HAHNEMANNS Lehre, wonach uns das Wesen der Krankheit nur in den Symptomen gegeben ist. Daß damit im Grunde aber aus der Ähnlichkeitsregel eine Selbigkeitsregel wird, liegt durchaus in der Konsequenz des HAHNEMANNschen Ansatzes, soll hier aber nicht mehr erörtert werden.

Wenn das homöopathische Heilverfahren im Unterschied zum allopathischen dasjenige ist, das der Idee der Wissenschaft im neuzeitlichen Sinne entspricht, fragt es sich, wann es sich endlich durchsetzen wird. Hier ist jeder Optimismus fehl am Platz. Die Suche nach der Ursache ist viel zu tief im Menschen verwurzelt, als daß er sich entschließen könnte, auf sie Verzicht zu leisten und sich rein an die Erfahrung zu halten. Mag sein, daß man, wenn die Morbidität der Menschheit ins Unerträgliche gestiegen und die Glaubwürdigkeit der Allopathie erschüttert ist, auf die Homöopathie zurückkommt. Jedenfalls wird das Schicksal des Abendlandes, dessen Erzeugnis die Homöopathie ist, auch ihr Schicksal sein.

Literatur- und Abkürzungsverzeichnis:

HAHNEMANN, S.: Reine Arzneimittellehre, Bd. I, Dresden und Leipzig 1830 (3. Aufl.), unveränderter Nachdruck: Ulm/Donau 1955. Abgekürzt: RAL I, Seite.

—, —: Reine Arzneimittellehre, Bd. I, Dresden und Leipzig 1833 (3. Aufl.). Nachdruck wie oben. Abgekürzt: RAL II, Seite.

—, —: Reine Arzneimittellehre, Bd. III, Dresden 1825 (2. Aufl.). Nachdruck wie oben. Abgekürzt: RAL III, Seite.

—, —: Reine Arzneimittellehre, Bd. IV, Dresden 1825 (2. Aufl.). Nachdruck wie oben. Abgekürzt: RAL IV, Seite.

—, —: Reine Arzneimittellehre, Bd. V, Dresden und Leipzig 1826 (2. Aufl.). Nachdruck wie oben. Abgekürzt: RAL V, Seite.

—, —: Reine Arzneimittellehre, Bd. VI, Dresden und Leipzig 1827 (2. Aufl.). Nachdruck wie oben. Abgekürzt: RAL VI, Seite.

—, —: Heilkunde der Erfahrung, Ulm/Donau o. J. Abgekürzt: Hlk., Seite.

—, —: Organon der Heilkunst, Stuttgart 1955 (entspricht der 1921 von R. HAEHL herausgegebenen 6. Auflage). Abgekürzt: Org., Paragraph oder Seite.

HEGEL, G. F. W.: Werke, hrsg. von LASSON. Abgekürzt: HEGEL, WG (LASSON), Seite.

HEIDEGGER, M.: Die Frage nach dem Ding, Tübingen 1962. Abgekürzt: Heidg., Seite.

KANT, I.: Kritik der reinen Vernunft, Darmstadt 1963 (I. KANT, Werke in 6 Bänden, hrsg. v. W. WEISCHEDEL, Bd. II). Abgekürzt: Kant, A (1. Aufl.) Seite, B (2. Aufl.) Seite.

VOEGELI, A.: Heilkunst in neuer Sicht, Heidelberg 1961. Abgekürzt: VOEGELI, Seite.

ZINKE, J.: Kurzgefaßte Einführung in die Denkweise und Praxis der klassischen Homöopathie, Ulm 1962. Abgekürzt: ZINKE, Seite.

Zeitschrift für klassische Homöopathie, Heidelberg. Abgekürzt: KH Jahr/Heft.

Acta Homoeopathica, Heidelberg. Abgekürzt: Acta Jahr/Heft.